OBSERVATIONS

SUR LE

PROJET DE LOI PRÉSENTÉ PAR M. ROUVIER

Ministre des Finances

PORTANT :

Déduction des dettes en matière de successions
Justifications à produire
Augmentation de droits de mutation par décès.

Rapport de M. Jamais
Usufruit et Nue-Propriété
Echelle proportionnelle pour les droits d'enregis-
trement à percevoir.

Second Rapport supplémentaire de M. Boudenoot
(4 Juillet 1892)

PAR

A. BRAINE

Notaire honoraire à Arras

Membre du Comité des Notaires des Départements.

OCTOBRE 1892.

Le 27 Mars 1888, le Ministre des Finances M. Tirard, a
déposé, au nom du Gouvernement, un projet de loi portant
modification du régime fiscal en matière de succession et
de donation entre vifs. Ce projet, qui introduit dans notre
législation le principe de la déduction des dettes dans les
déclarations de mutation par décès, n'a pu venir en discussion avant la fin de la quatrième législature.

La réforme qu'il consacre étant unanimement réclamée
par l'opinion publique, l'exposé des motifs qui le précédait
donnait des explications nécessaires pour faire apprécier
la portée et l'utilité de la mesure.

I

Le principe de la non-déduction du passif pour la liquidation et le paiement du droit de mutation par décès éveille,
par son seul énoncé, l'idée d'une violation des règles de la
justice et de l'égale répartition des charges entre les citoyens.
Il est certain que l'application de ce principe entraine, dans
les cas trop fréquents, des conséquences que l'équité
réprouve et qu'aucune considération ne peut justifier.

Ce mode rigoureux étant cependant regardé comme seul
praticable par les rédacteurs de la loi organique du 22 frimaire an VII. Pour agir autrement, disait Crétet dans son
rapport au Conseil des Cinq Cents (séance du 17 brumaire
an VII) « il faudrait procéder à la liquidation de toute suc-
« cession contradictoirement entre le fisc et les héritiers,
« les consommer en frais et lenteurs par des formes con-
« tentieuses, et cela indépendamment du scandale intolé-
« rable qu'il y aurait à placer les préposés de la régie dans
« un état permanent d'hostilité contre toutes les familles et
« les autoriser à pénétrer dans leurs affaires les plus
« intimes.

« Il faut aussi se convaincre, ajoutait-il, que l'affranchis-
« sement (et plus tard la modicité du droit), du mobilier
« des successions était une compensation ou, du moins, un
« grand adoucissement à cette mesure. »

Enfin, un argument purement théorique consistait à dire
que le droit fiscal étant fondé sur la transmission de la
chose donnée ou reçue en héritage qu'elle soit ou non gre-
vée de dettes, le service rendu par l'état est le même dans
les deux hypothèses et que la rénumération de ce service
doit être égale.

Ces motifs n'ont jamais prévalu, dans l'opinion du public,
contre les résultats rigoureux du principe.

Dès 1819, le baron Louis, alors ministre des finances,
instituait une Commission de sept membres, choisis dans
le haut personnel de l'enregistrement et chargés d'examiner, entre autres questions concernant la législation fiscale,
celle relative à la déduction du passif.

Dans sa séance du 10 septembre 1819, cette Commission,
après une longue discussion, adoptait un projet d'article
admettant la déduction du passif hypothécaire. Ce projet
demeura sans suite.

Mais c'est surtout à partir de 1849 que la réforme fut
réclamée avec plus d'instance. L'argument qui définissait
la mesure comme une sorte d'abonnement englobant tout
ensemble inégalités et compensations avait alors perdu une
partie de sa valeur, depuis que le tarif sur les valeurs mobilières successivement rehaussé en 1816 et en 1832, avait
été définitivement porté au même taux que celui des
immeubles par la loi du 18 mai 1850.

Aussi les divers projets, motions ou pétitions présentés
ou discutés dès cette époque jusqu'à ce jour se sont-ils
succédés, pour ainsi dire, sans interruption.

Après la proposition de loi de M. Crémieux (1849) viennent les questions adressées au Gouvernement par MM. de
Pierre (1862) et Roulleaux-Dugage (1866). En 1864, le
Conseil d'Etat était saisi d'un projet admettant la distrac-
ion des dettes hypothécaires. Au Sénat, des pétitions ten-

dant à l'adoption de la réforme étaient discutées avec de longs développements dans les séances des 18 mars, 23 avril 1869 et jours suivants. La question était de nouveau examinée lors de l'enquête agricole de 1870 et à l'occasion de la proposition de loi de M. Josseau (1870).

A partir de 1871, on peut citer notamment le projet de M. Follier (1871), l'amendement de M. Méline (1873), le rapport de M. Benoist d'Azy (1874), la proposition de loi et l'amendement de M. Sébert (1874-1875), celle de M. Cherpin (1876), les projets et amendements de M. de Gasté (1877).

En 1876, une Commission extra-parlementaire, réunie sous la présidence du ministre des finances, fut spécialement chargée de l'étude de la réforme, mais les événements politiques ont interrompu ses travaux.

Depuis lors, la question est encore soulevée dans le rapport fait au nom de la Commission du budget de 1880 et dans celui de M. Lelièvre sur le projet de M. de Gasté (1880). Elle fait ensuite l'objet d'une proposition de M. Pieyre (1883), d'un amendement de M. Raoul Duval (1886), de deux amendements de MM. Duché et autres (1886-1887), et d'un projet en quatre articles préparé par la Commission du budget de 1888.

En 1885, MM. Camille Sabatier, Maurice Faure et autres députés déposèrent le 30 novembre une nouvelle proposition de loi demandant que les parents au-delà du 5ᵉ degré (art. 755) ne succèdent pas — « à défaut de parents au degré successible dans une ligne les parents de l'autre ligne succèdent pour le tout » et pour l'art. 768 à défaut de parents au degré successible, la succession était acquise à l'Etat — le produit en serait affecté à des œuvres d'instruction de sciences ou d'assistance dans le département du domicile du *de cujus*. A la séance du 15 février 1886, M. Camille Cousset, député, déposa un rapport sommaire sur ce projet, s'inspirant de cette considération : que la proposition mettrait à la disposition de l'état des sommes considérables sans aggraver aucunement les charges déjà si lourdes qui pèsent sur l'agriculture, le commerce et l'industrie, et sans qu'aucun droit actuel soit lésé, proposant à la Chambre la prise en considération, faisant observer toutefois que, dans ses séances des 1er et 12 mars 1877, le Sénat avait adopté une proposition de loi provenant de l'initiative d'un de ses membres, ayant pour objet de modifier les droits de l'époux sur la succession de son conjoint prédécédé, — et que cette proposition venait se dresser en face du projet dont la Commission était saisie, — rendant inapplicable ses dispositions essentielles. Une longue discussion, sur la prise en considération demandée par le rapporteur, s'éleva à la Chambre dans les séances du 28 mai et 2 juin 1887, M. Charles Chevalier, député de la Manche, prit la parole contre cette proposition et la Chambre adopta, par 314 voix sur 522 votants, la prise en considération reculant l'aptitude de l'Etat non au 5e mais au 6e degré.

Comme amendement à son projet primitif, M. Sabatier avait soumis, le 5 juin, à la Commission une proposition tendant à frapper à degré égal la succession dévolue par la loi en l'absence de testament d'un droit supérieur aux successions déférées par testament.

Le 5 juin 1888, M. Peytral, ministre des finances, et M. Ferrouillat, ministre de la justice, présentèrent au nom de M. Carnot un nouveau projet de loi portant 1° modification du régime fiscal en matière de transmission d'usufruit et de nue-propriété ; 2° modification de l'article 755 du Code civil sur la vocation héréditaire.

En 1888, M. Genebrier, notaire à Echandelys (Puy-de-Dôme), ancien président de la Chambre des Notaires d'Ambert, formula le projet de loi suivant, sur les déclarations de succession demandant que « ces déclarations soient faites devant notaire. »

« Cette déclaration serait rédigée comme un acte notarié « ordinaire sur un papier spécial soumis à un timbre de « 0,10 centimes par feuille simple ou feuille double.

« L'expédition de cette déclaration délivrée sur ce même « papier spécial serait seul soumise à l'enregistrement et « envoyée avant l'expiration du délai de six mois dans

« tous les bureaux ou il y a des droits de mutation par
« décès à payer.

« Le notaire rédacteur de la déclaration aurait exclusive-
« ment le droit d'en délivrer expédition aux parties et
« même aux tiers, lorsque le Juge de Paix constaterait par
« une déclaration sur timbre qu'ils y ont intérêt.

« Le receveur de l'enregistrement percevrait le droit de
« mutation par décès sur la présentation de la copie de la
« déclaration, mettrait cette copie aux Archives pour être
« reliée en un volume à la fin de chaque année et délivrerait
« une quittance au nom de la personne ayant acquitté les
« droits.

« Cette déclaration ferait foi de toutes les énonciations
« qu'elle contient, soit entre les parties qui pourraient
« s'obliger, soit vis-à-vis des tiers, à moins que ces derniers
« ne prétendent et ne justifient que leurs intérêts ont été
« lésés par un concert frauduleux. »

La déclaration faite devant notaire aurait selon lui plusieurs avantages importants :

1° Elle serait nécessaire, quand toutes les parties ne
savent pas signer ;

2° Elle lierait les parties et servirait souvent de bases à
des réclamations ultérieures. Pour ce motif, les déclarants
seraient moins enclins à pratiquer une fraude, qui diminuerait leur patrimoine ;

3° Pour les tiers s'il y avait déconfiture ou faillite du
mari, la déclaration de la femme fixant ses reprises mobilières, celle-ci ne pourrait en exagérer le chiffre dans sa
liquidation ou séparation de biens.

4° Pour l'Administration, le dépôt dans les Archives
diminuerait considérablement le travail matériel du receveur, et ce dernier pourrait agir avec d'autant plus de
rigueur, que le concert frauduleux, s'il avait existé, aurait
été réfléchi et prémédité ;

5° Enfin les déclarants éviteraient un déplacement cou-
teux au chef-lieu de canton.

En ce qui concerne la déduction des dettes M. Genevrier

estimait pour opérer cette déduction, que la somme donnée ne fut pas exigible au moment du décès parce que le donataire pouvait facilement pratiquer la fraude en déchirant la quittance sous seing privé du donateur, et en remettant à chacun des co-héritiers leur cote-part dans la somme donnée, et par ce motif il croyait devoir repousser le tarif progressif proposé par la Commission pour les valeurs supérieures à 10,000, 20,000 et 50,000 fr,

L'impôt, disait-il avec la grande majorité des économistes modernes,«devant frapper la chose et jamais la personne.» Frappant la chose, il devait être nécessairement proportionné à sa valeur, et non au plus ou moins do fortune de l'individu qui recueille la succession.

L'impôt progressif étant contraire au principe d'égalité, il devait être repoussé comme arbitraire et inique.

Le 19 janvier 1891 M. Delaunay, député déposa une proposition de loi demandant que les parents au-delà du 8° degré ne succèdent pas ; à défaut de parents au degré successible dans une ligne, les parents de l'autre ligne succèderaient pour le tout.

Le même jour MM. Barodet et autres députés demandaient par un autre projet de loi de réaliser progressivement la diffusion et la transformation de la propriété, l'amortissement de la dette publique, la diminution des impôts et l'extinction du paupérisme, par la suppression de l'hérédité en ligne collatérale.

Cette proposition présentée pour la première fois par M. Barodet le 4 juillet 1887 avec l'adhésion de ses collègues fut l'objet d'un rapport sommaire concluant à la prise en considération.

Le projet de M. Barodet (12 articles) avait pour objet : 1° la suppression de l'hérédité en ligne collatérale ; 2° l'attribution à l'Etat de toute succession *ab intestat*; 3° la cession à des conditions de payements par annuités (25 ans) accessibles aux plus pauvres familles d'ouvriers et cultivateurs, des immeubles provenant de ces successions et de la plupart des biens nationaux et communaux ; 4° l'obligation imposée aux acquéreurs de les occuper, cultiver et exploiter eux-mêmes et de n'avoir, désormais, la faculté de les aliéner qu'à la même condition ; de telle sorte que ces immeubles ne puissent jamais plus redevenir l'objet d'une rente perpétuelle au profit de l'oisiveté ; 5° la même obligation imposée aux collatéraux et aux non-parents pour l'héritage à eux transmis par testament ou par donation.

Enfin que l'acceptation de toute propriété immobilière, transmise par donation ou par testament entre collatéraux, ou non-parents, entraîna l'obligation de l'occuper, cultiver, ou exploiter personnellement, ou de la vendre, en totalité ou partie, à qui remplirait cette condition.

Nous aurions désiré mettre en harmonie ces divers projets et propositions qui n'ont été suivis d'aucun rapport ni de décision de la Chambre pas plus que celle de M. de Saint-Féréol déposée sur le bureau du Parlement le 15 Octobre 1888 ; l'étendue de ces travaux ne nous permet pas de les transcrire ici dans leur entier mais, si nous sommes obligés de nous borner à une simple mention nous recommanderons à ceux qui le désireraient, de se reporter aux textes mêmes, afin de bien saisir toute l'argumentation des auteurs.

II

De sérieux motifs ont pu seuls justifier l'ajournement d'une réforme poursuivie avec tant de persistance et par des promoteurs aussi autorisés. Cette persistance n'en révèle pas moins un mouvement d'opinion qui ne s'est jamais arrêté et auquel les pouvoirs publics doivent se préoccuper de donner satisfaction.

Succinctement résumés, les motifs qui ont déterminé jusqu'à ce jour, le maintien du principe sont les suivants :

Il n'est pas possible d'admettre la déduction du passif, sans transformer, en même temps, la base de la perception. Le passif ne saurait être, en effet, imputé que sur la valeur vénale ce serait du reste la base unique de la perception du droit d'enregistrement comme le dit très bien M. Garnier.

En effet toute chose a une valeur vénale et beaucoup de choses ne produisent aucun revenu. Ne citons à titre d'exemple, que les terrains à bâtir qui, laissés à eux-mêmes ne donnent aucun revenu, les parcs et les jardins dont le revenu est absorbé par les frais de culture, les hôtels et maisons d'agrément habités par leur propriétaire, tandis que dans l'état actuel de notre législation, la perception se fait sur le capital, formé de vingt-cinq fois le revenu des immeubles ruraux qui est le plus souvent inférieur à cette valeur. De là le double inconvénient de soumettre les immeubles ruraux non grévés de dettes à une surélévation de taxe résultant de la majoration de la base d'évaluation, et de priver le trésor des moyens de contrôle organisés par la loi du 23 Août 1871, à l'aide de l'enregistrement des baux et de la déclaration obligatoire des locations verbales.

En second lieu il est indispensable, pour éviter les difficultés d'application et d'interprétation juridique, de préciser avec un soin scrupuleux, la nature et le caractère des dettes susceptibles d'être déduites.

Les justifications a exiger des héritiers doivent être soumises à des règles aussi précises que possible, mais nécessairement délicates et complexes. D'une part, il faut éviter que le produit de l'impôt soit laissé à la merci de la fraude ; de l'autre, on ne peut songer à accorder aux agents du Trésor les pouvoirs exorbitants contre lesquels, en l'an VII, Crétet s'élevait avec tant d'énergie.

Enfin, la déduction du passif ayant pour résultat de diminuer le produit annuel des droits de mutation par décès, il faut trouver une compensation nécessaire dans la création d'autres ressources.

Telles sont, en négligeant des points de détail très nombreux les principales difficultés à la solution desquelles est subordonnée l'abrogation du principe de la non-déduction des dettes.

Après avoir étudié avec une attention scrupuleuse le projet préparé par la Commission du budget de 1888, le gouvernement avait reconnu que ce projet ne réunissait pas les conditions d'une réforme pratique. En outre, il avait pensé qu'une modification aussi considérable ne pouvait être introduite dans notre législation fiscale à l'occasion du vote d'une loi des finances ; enfin la gravité des mesures de compensations projetées et l'incertitude des prévisions présentées à l'appui de ces mesures lui avaient fait un devoir d'en demander l'ajournement.

Toutefois, favorable à l'idée même de la réforme, estimant, comme la Commission du budget, que le moment était venu de rechercher sans plus de retard les moyens de réaliser une amélioration réclamée depuis si longtemps, le gouvernement avait confié à une Commission le soin de préparer un projet destiné à être soumis, dans le plus bref délai aux délibérations du parlement.

Cette Commission, instituée par arrêté ministériel du 10 janvier 1888 et présidée par l'honorable et regretté M. Bernier avait poursuivi sa tâche avec une grande activité. Et, sans s'attarder à des discussions théoriques depuis longtemps épuisées, elle avait adopté à l'unanimité la rédaction d'un projet qui fut déposé sur le bureau de la Chambre des Députés le 27 mars 1888.

Ce projet renfermait dix articles dont cinq consacrés à la déduction du passif et cinq aux mesures de compensation.

L'article premier indiquait les dettes à la charge du défunt dont la déduction était autorisée. Ce sont des dettes liquides c'est à dire certaines et déterminées et non soumises à des éventualités, qui résultent d'actes authentiques, de jugements ou d'actes sous seing privé enregistrés avant l'ouverture de la succession. La mesure profitant à toutes les dettes civiles, à l'exception d'un petit nombre qui n'ont pas paru de nature à bénéficier de la déduction, telles que les dettes de ménage, les frais funéraires, etc. Un double motif justifiait cette exception. L'expérience fournie par les législations étrangères démontrait que l'existence de ces dettes ne pouvaient être établie qu'aux prix de mesures vexatoires ou de discussions puériles et irritantes.

La Commission avait adopté, également à l'unanimité

une résolution plus grave. A l'exemple de toutes les commissions extra-parlementaires qui ont eu à s'occuper de la question, elle proposait l'exclusion des dettes commerciales. Elle eut, sans doute, désiré réaliser dans toute son étendue la réforme sollicitée, par les motifs suivants : le montant des effets de comme ce, lettres de change, billets souscrits par un commerçant ne constituant pas, le plus souvent, des dettes proprement dites. Ces titres forment la contre-partie des effets souscrits à son profit. C'est pour ainsi dire, une sorte de dette flottante. Or, personne n'ignore que le montant de ces créances à court terme échappe, pour la plus grande partie, au payement du droit de mutation par décès. Il serait donc injuste à son avis que les dettes correspondantes fussent admises à déduction sur le surplus de l'actif héréditaire, seul régulièrement déclaré. L'unique moyen de réprimer une fraude aussi facile eut consisté dans l'Obligation imposée aux héritiers de représenter les livres de leur auteur ; mais sans parler des incertitudes et des longueurs de cette vérification, il a paru que cette exigence, si contraire aux usages du commerce, que cette intervention des agents du Trésor dans des opérations aussi confidentielles, seraient d'une excessive rigueur. Dans les pays ou le législateur n'a pas cru devoir reculer devant cette grave mesure, des contestations et des résistances se sont produites et se produisent encore chaque jour. Il a semblé opportun d'ajourner cette partie de la réforme, sauf à profiter de l'expérience acquise pour compléter l'œuvre commencée. En écartant le passif commercial, il a été possible d'éviter toute prescription ayant un caractère vexatoire, toute défiance ou précaution inutile : la déduction de l'ensemble des dettes civiles, authentiques ou consenties par acte sous seing privé enregistré, hypothécaires ou chirographaires, constituait ce semble un progrès assez important pour ne pas courir le risque de compromettre dans une pensée d'équité théorique, le principe même de la réforme.

Il convient d'ajouter que, pour toutes les entreprises commerciales ou industrielles qui revêtent la forme de l'association, la déduction du passif s'opère même actuellement car l'impôt de mutation par décès n'est perçu dans ce cas que sur la part nette revenant dans l'actif social à l'associé décédé.

L'article deux contenait l'énumération des présomptions qui permettent de considérer la dette comme éteinte ou comme ne constituant pas un passif réel. Ces présomptions sont admises par les législations étrangères et sont conformes aux règles du droit civil. Il est certain que la dette échue et non prorogée doit être présumée payée. Il en est de même pour les dettes hypothécaires qui cessent d'être garanties à la suite de la péremption ou de la main levée de l'hypothèque.

Quant aux dettes consenties par le défunt lui-même au profit de ceux appelés à recueillir sa succession, on ne saurait contester que l'admission de cette nature de dettes à déduction donnerait trop de facilité à la fraude, et cette précaution était inscrite dans le projet de la commission du budget de 1888. Enfin, les dettes reconnues par testament étaient assimilées à des legs et déduites à ce titre de l'actif héréditaire sous condition du paiement du droit afférent à ce legs. Cette disposition était empruntée à la législation belge.

L'article règle ensuite le sort des dettes assignées sur des immeubles étrangers, qui, évidemment ne doivent pas être déduites, puisque les biens qui les garantissent ne sont pas soumis à l'impôt en France, et de celles dépendant de successions d'étrangers. On a pensé que le Trésor français n'étant pas assuré de percevoir l'impôt sur la totalité du patrimoine de ces successions, il n'y aurait pas lieu de lui imposer la perte résultant de la déduction du passif qui les grève.

Enfin le terme courant des loyers et fermages admis à déduction sur la même faveur n'était pas accordé aux intérêts ou arrérages, c'est que cette nature de dettes était plutôt une charge des revenus que du capital transmis. Ici, encore, on a désiré éviter l'emploi de justifications arbitraires, difficiles à administrer.

La justification a produire par les héritiers font l'objet du troisième article. Il suffira de représenter l'acte ou le juge·ment servant de titre à la dette. Le caractère du passif admis à la déduction permettrait de renoncer à toute pré. caution vexatoire et à toute mesure inquisitoriale sans que les intérêts du Trésor soient compromis.

Dans l'article quatre le projet s'étendait sur les principales difficultés qui avaient motivé jusqu'à ce jour l'ajournement de la réforme. Ainsi qu'on l'a vu, le passif ne saurait être déduit que des valeurs réelles, c'est-à-dire de la valeur vénale des immeubles. Or, on a toujours reculé devant la surélévation que la transformation de la base de l'impôt devait entraîner pour les immeubles ruraux. Cette objection était écartée par le maintien de l'état actuel des choses en faveur des immeubles ruraux dépendant des successions qui ne donneront lieu à aucune déduction du passif.

Pour obtenir ce résultat, il suffisait de rendre cette déduction facultative. En outre, pour les biens faisant partie d'un actif héréditaire sur lequel la distraction des dettes serait demandée, l'évaluation en valeur ne pourrait être inférieure au produit de la capitalisation par vingt et par trente de revenu.

De cette manière, le Trésor atteindrait désormais, pour leur valeur réelle, les propriétés d'agrément productives d'un faible revenu et qui supportent actuellement l'impôt sur un capital très atténué, tout en conservant les moyens de contrôle réunis à la suite de la mise a exécution de la loi du 23 août 1871. Cette disposition, empruntée à la législation du centième denier, se retrouve dans la loi Belge. Enfin, il est à peine nécessaire de faire remarquer que, dès qu'il s'agit de frapper la valeur vénale, le revenu des biens ruraux pour la fixation du capital minimum servant à la déduction du passif, ne pouvait être maintenu à 4 °/₀, et qu'en le fixant à 3 1/2 environ revenu multiplié par 30 on reste encore au dessus de la réalité, dans la majorité des cas.

L'article cinq édictait une pénalité destinée à prévenir et à réprimer la simulation des dettes. Le Trésor étant suffisamment garanti par les dispositions fort simples qui viennent d'être analysées, il paraissait inutile de recourir aux mesures de rigueur, telles que la repression pénale, qui se retrouvent dans diverses législations étrangères et qui ne sont rendues nécessaires que par les trop grandes facilités données à la fraude.

III

Après avoir ainsi établi les bases de la réforme, la commission avait du se préoccuper des moyens de récupérer la perte que l'adoption du projet causerait au Trésor, et qui ne serait pas inférie..re à 20 ou 25 millions. Par l'importance de ce chiffre, on peut apprécier l'étendue de l'amélioration proposée.

Tout d'abord, on est en droit de compter sur la plus value résultant de ce que les droits seront désormais perçus sur la valeur vénale des immeubles dépendant de successions ou il y aura lieu à la déduction des dettes. Cette plus-value d'après des calculs modérés serait d'environ 4 millions.

Les autres mesures de compensation ont fait l'objet des articles 6 et 10.

Art. 6. — L'article 6 simplifiait les formes de l'expertise judiciaire, organisée par la loi de l'an VII avec des lenteurs et des complications extrêmes. Il faut actuellement un jugement pour ordonner l'expertise. Deux experts sont nommés l'un par l'Administration l'autre par la partie s'ils ne se mettent pas d'accord, ce qui est le cas le plus ordinaire, il faut faire nommer un tiers expert par le Juge de Paix et procéder ensuite à une estimation nouvelle. Ces formalités, semées d'incidents, sont longues ; elles imposent aux parties des déplacements nombreux et occasionnent des frais souvent hors de proportion avec l'objet du litige.

Ainsi réglementée, l'expertise n'a pas donné de résultats satisfaisants, malgré l'amélioration apportée en 1871 pour les immeubles de faible valeur.

Les dispositions proposées simplifieraient notablement les formes actuelles de la procédure. Elles n'enleveraient aux parties aucune des garanties qui leur sont dues ; les opérations seraient comme par le passé, conduites sous la surveillance de l'Autorité judiciaire elles s'accompliraient seulement avec plus de rapidité et d'économie.

Cette réforme procurerait, sous le rapport moral et au point de vue financier, des résultats sur lesquels le Gouvernement pensait pouvoir compter. On n'estime pas à moins d'un million ce résultat.

Art. 7. — D'après les principes qui régissent l'application des droits proportionnels de mutation à titre gratuit, entre vifs et par décès, le législateur avait tenu compte, pour la fixation du tarif du degré de parenté des donataires, légataires ou héritiers avec les donateurs ou testateurs des auteurs de successions.

Toutefois, cette règle de proportionnalité n'étant qu'incomplètement suivie en ce qui concernait les mutations opérées au profit des collatéraux au delà du 4ᵉ degré jusqu'au 12ᵉ. Tandis que les successibles et donataires des 2ᵒ et 3ᵒ degré acquitteraient un droit différent suivant leur parenté plus ou moins proche, les mutations réalisées au profit d s autres collatéraux étant frappées d'un droit calculé et d'après un taux uniforme de 8 %. Il avait paru justifié en vue de répartir plus exactement l'impôt d'édicter un tarif différent plus élevé 9 fr. 50 % pour les successibles et donataires du 10ᵉ au 12ᵉ degré. Cette surélévation entraînait l'augmentation du droit frappant les transmissions au profit de personnes non parentes, qui serait porté à 10 % (c'est le taux adopté par la plupart des législations étrangères).

Celui qui recueillait une hérédité sur laquelle il n'avait aucun droit et sur laquelle il ne devait pas compter, pouvant supporter facilement une surtaxe de 10 % au profit de l'Etat qui lui assure la jouissance de cet héritage inattendu.

Enfin la Commission n'a pas cru devoir dispenser des droits la ligne directe et cela eût été difficile, car pour être logique, il fallait étendre cette dispense aux avancements d'hoirie donations, partages d'ascendant, etc. On eût été loin ; on aurait peut-être pu cependant arriver à une diminution de ces droits, mais sans apporter aucune modification au tarif des successions en ligne directe et entre époux, il lui avait semblé possible de soumettre à une surtaxe de 1 °/₀ les droits sur les successions recueillies entre frères et sœurs, oncles et tantes, neveux et nièces (7 fr. 50 °/₀ au lieu de 6 fr. 50) ; entre grands-oncles, petits neveux, cousins germains (8 °/₀ au lieu de 7 °/₀) entre parents au-delà du 4ᵉ degré jusqu'au 10ᵉ (9 °/₀ au lieu de 8 °/₀).

Le tarif nouveau serait applicable à toutes les mutations, on a pensé que la faveur due aux donations faite en vue du mariage, et qui avait motivé une réduction de taxe, n'a pas de raison d'être en ce qui concerne les donations au profit de collatéraux et de personnes non parentes.

La plus-value résultant de cette réforme était évaluée 13,500,000 fr.

Ces dispositions font l'objet de l'article 7 du projet.

Art. 8. — L'article 8 avait pour but d'étendre au transfert des titres nominatifs des sociétés, départements, communes et établissements publics, le mode de contrôle édicté par l'art. 25 de la loi du 8 juillet 1852.

Les raisons qui ont déterminé la Commission du budget, en 1852, à imposer la production du certificat de paiement des droits de mutation par décès pour le transfert des rentes sur l'Etat existent avec les mêmes caractères d'opportunité au sujet des titres nominatifs des sociétés et établissements publics. En fait, les règlements de la plupart des compagnies exigent, le dépôt, à l'appui des demandes de transfert, d'un certificat constatant le paiement des droits de succession ; mais comme cette production n'est pas prescrite par la loi, les héritiers peuvent s'y soustraire et la garantie devient illusoire précisément dans le seul cas où elle serait le plus nécessaire.

L'obligation de produire les certificats dont il s'agit ne constituerait donc pas pour les héritiers une formalité nouvelle. Elle avait uniquement le caractère d'une mesure préventive de la fraude et, à ce titre, elle ne saurait soulever aucune objection. En outre, pour rendre aussi facile que possible la délivrance des certificats de l'espèce et éviter tout dérangement aux parties, on avait pensé que le visa du directeur de l'enregistrement, exigé seulement pour le Trésor, pourrait être supprimé sans inconvénient, sauf pour l'administration de l'enregistrement à prendre certaines mesures de contrôle qui n'imposeront aucune gêne ni aucun retard aux contribuables.

Les droits dont le Trésor se trouve privé par suite de la fraude que la nouvelle disposition a pour but de prévenir, étaient évalués à 500,000 fr.

Art. 9. — L'art. 4 de l'ordonnance royale du 19 octobre 1841, exempte de tous droits les mutations par décès en Algérie.

Ce privilège a pu se justifier à l'origine, mais il semble qu'il n'en est plus de même aujourd'hui. L'assimilation de l'Algérie à la France a fait des progrès considérables. Ne serait-il pas juste que cette colonie participa davantage aux sacrifices annuels que le Trésor s'impose pour protéger ses intérêts de toute nature développer ses services publics et favoriser la colonisation au moyen des concessions domaniales. Cette œuvre d'unification est commencée pour les droits de douane.

On ne comprend pas pourquoi, dans l'état actuel de la colonisation sur le littoral, les héritiers sont admis à recueillir des successions souvent opulentes sans acquitter aucun droit au Trésor. La richesse mobilière dans les centres populeux, la sécurité absolue des immeubles urbains et le développement considérable de la propriété foncière principalement aux environs des villes, justifient entièrement l'application à l'Algérie de l'impôt perçu dans les mêmes conditions sur les valeurs françaises. La déduction du passif hypothécaire et chirographaire · étant admise, il n'existait plus aucun motif pour le maintien d'un privilège qui a depuis longtemps cessé d'avoir sa raison d'être.

L'obligation de déclarer les successions serait d'ailleurs

sans influence sur le mouvement de transaction parce que l'impôt n'atteint que les mutations forcées. Elle pourra même servir très utilement au travail de la constitution de la propriété indigène.

L'opportunité de la mesure a été maintes fois signalée dans les délibérations parlementaires.

La Commission du budget de 1875 s'y était associée sans hésitation et le Gouvernement avait, dès cette époque, pris l'engagement de présenter un projet de loi sur ce point. Ce projet avait été inséré dans les propositions relatives au budget de 1885. Des dispositions d'un caractère plus urgent, concernant les droits de douanes, y ont été substituées par la Commission du budget, mais cette Commission n'en a pas moins adopté le principe de la réforme. Rien ne parait devoir motiver un nouvel ajournement.

Le Trésor trouverait dans l'établissement de l'impôt des successions un bénéfice qu'il est difficile d'évaluer avec certitude, mais qui atteindra vraisemblablement deux millions.

Des considérations analogues conduisent à assujettir les donations entre vifs aux mêmes droits en Algérie que dans la métropole.

Art. 10. — La taxe de 3 %, établie par la loi du 29 juin 1872 sur les intérêts des emprunts et obligations, a été étendue dans l'article 5 de la loi du 21 juin 1875 aux primes de remboursement et aux lots payés aux détenteurs des titres sortis au tirage et de les porter à 6 %, n'a soulevé aucune critique devant le Parlement.

Cette majoration produirait au Trésor une plus-value annuelle de 3 à 400,000 fr. d'après la Commission.

Le principe de la déduction des dettes reçoit dans le projet une application sérieuse et la réforme n'en réalise pas moins un progrès considérable. Les remaniements de taxe destinés à assurer au Trésor les compensations nécessaires consistent surtout dans une répartition plus exactement proportionnelle de certains droits, dans l'abrogation de dispositions de faveur qui ont cessé d'être justifiées, dans la simplification des moyens destinés à reconnaître la valeur réelle des biens soumis à l'impôt. Aucune modification n'est apportée dans les bases même de la législation fiscale et aucune part, ni dans les évaluations, ni dans les conséquences du projet, n'est laissée à l'inconnu.

En 1889, le 28 novembre, M. Rouvier, ministre des finances, déposa sur le bureau de la Chambre un projet de loi portant sur la même matière, projet qui n'était autre que celui de M. Tirard en date du 27 mars 1888. M. Jamais fut nommé rapporteur et présenta son rapport le 27 mars 1890, se disposant à le compléter par un second supplémentaire le 28 janvier 1892 (1). A cette époque, nommé sous-secrétaire d'Etat aux colonies, il fut remplacé par M. Boudenoot qui lui-même rédigea un second rapport supplémentaire le 4 juillet 1892. Ce projet de loi de M. Rouvier qui nous reste à examiner, vint en première délibération à la séance du 12 mars 1891 et la Chambre, après en avoir adopté les articles, a décidé de passer à une seconde délibération. Un grand nombre d'amendements ayant été présentés par plusieurs députés, furent retirés à cet époque en les réservant pour la deuxième délibération. Avant d'analyser cette proposition de loi, il nous a paru utile de mettre en regard le projet Tirard de 1888, celui adopté par la Chambre le 12 mars 1891, et enfin celui contenu dans le rapport de M. Boudenoot du 4 juillet 1892 de manière à en faire ressortir les différences.

---

(1) La Commission nommée pour l'examen de ce projet de loi se composait de MM. Boucher (Finistère), *Président ;* Emile Jamais, *Secrétaire ;* Pasquier, Royer (Aube), Rabier, Boric (Corrèze), Jacquemin, Chabrié, Emile Dubois (Nord), Boudenoot, Eliez-Evrard.

Projet de M. TIRARD, 1888, repris par M. ROUVIER en 1889.	Texte adopté en première délibération par la Chambre le 12 mars 1891.	Nouvelle rédaction proposée par la Commission pour la 2° délibération. (Rapport de M. Boudenoot 4 juillet 1892.) (1)
Article premier. Pour la liquidation et le paiement du droit de mutation par décès, seront déduites, si les parties eu font la demande, les dettes en capital à la charge du défunt qui sont liquides au jour de l'ouverture de la succession et qui résultent d'actes authentiques, de jugements, ou d'actes sous seings privés enregistrés avant l'ouverture de la succession.	Même rédaction.	Article premier. Pour la liquidat'on et le paiement du droit de mutation par décès seront déduites les dettes à la charge du défunt existant au jour de l'ouverture de la succession et résultant de jugement (le mot capital est supprimé, le reste comme au projet adopté).
Art. 2. Ne sont pas déduites : 1° Les dettes échues dont l'existence au jour de l'ouverture de la succession ne résulte pas d'un acte authentique, d'un jugement, ou d'un acte sous seings privés enregistré avant l'ouverture de la succession ; 2° Les dettes consenties par le défunt au profit de ses héritiers, donataires ou légataires ; 3° Les dettes reconnues par testament, lesquelles seront considérées comme des legs ; 4° Les dettes hypothécaires dont l'inscription est périmée ou a donné lieu à une main levée antérieure à l ouverture de la succession ; 5° Les dettes résultant de titres ou de jugements passés à l'étranger, ce les qui sont hypothéquées en tout ou en partie sur des immeubles situés à l'étran-	1° Les dettes ne remplissant pas les con litions éumérées dans l'article précédent ; 2° Les dettes échues trois mois au moins avant l'ouverture de la succession et dont l'existence n'est pas justifiée, suivant les conditions énumérées dans l'article précédent ; 3° Les dettes consenties par le défunt au profit de ses héritiers donataires ou légataires : 4° Les dettes reconnues par testament lesquelles seront considérées comme des legs ; 5° Les dettes hypothécaires, dont l ins cription est périmée ou a donnée lieu à main lev e définitive avant l'ouverture de la succession.	Art. 2. Ne sont pas déduites : 1° *Les dettes qui ne sont pas liquidées au jour de la déclaration de succession ;* 2° Les dettes échues trois mois avant l'ouverture de la succession. *La commission par suite d'amendement réduit le délai à un mois.* ° *Les dettes contractées par le défunt au profit de ses héritiers donataires ou légataires ; et les dettes contractées par le défunt au profit de personnes qui, lorsque l'a te a acquis date certaine, étaient les conjoints, ou les successibles des héritiers, donataires ou légataires, à moins que l'héritier ne fut pas a cette dat e succes sible du défunt ;* 4° Les dettes re

Projet de M. TIRARD, 1888, repris par M. ROUVIER en 1889.	Texte adopté en première délibération par la Chambre le 12 mars 1891.	Nouvelle rédaction proposée par la Commission pour la 2ᵉ délibération. (Rapport de M. Boudenoot 4 juillet 1892.
ger ou qui dépendent de successions d'étrangers domiciliés en France ; 6° Les loyers et fermages excédant le terme courant.	6° Les dettes résultant des titres ou jugements passés à l'étranger, celles qui sont hypothéquées sur des immeubles situés à l'étranger ou qui dépendent de successions d'étrangers domiciliés en France. 7° Les loyers et fermages excédant le terme courant.	connues par testament lesquelles seront considérées comme des legs; 5° *Les dettes hypothécaires ou privilégiées qui étaient conservées par une inscription périmée de plus de trois mois* ou qui a donné lieu à main-levée définitive avant l'ouverture de la succession. 6° La dette résultant de titre ou de jugement passés à l'étranger (le reste comme au texte adopté par la Chambre.) 7° Les loyers et fermages excédant le terme courant.
Art. 3. A l'appui de leur demande en déduction, les parties devront fournir les justifications nécessaires et représenter le brevet ou l'expédition de l'acte ou du jugement qui sert de titre à la dette ou qui en constate l'existence au jour de l'ouverture de la succession. Le créancier ne peut se refuser à communiquer le titre ou à en laisser prendre une copie collationnée, sous peine de dommages intérêts.	**Art. 3** A l'appui de leur demande en déduction, toutes les fois que cette justification ne pourra pas résulter des registres de l'administration, les parties devront fournir les justifications nécessaires et représenter le brevet ou l'expédition de l'acte ou du jugement qui sert de titre à la dette ou qui en constate l'existence du jour de l'ouverture de la succession. Le créancier ne peut se refuser à communiquer le titre ou à en laisser prendre une copie collationnée, sous peine de dommages-intérêts.	**Art. 3.** A l'appui de leur demande en réduction, *les parties devront fournir les justifications nécessaires et représenter le brevet ou l'expédition de l'acte ou du jugement* qui sert de titre à la dette ou qui en constate l'existence au jour de la succession. Le créancier ne peut se refuser à communiquer ou à en laisser prendre une copie collationnée, *sans qu'il y ait lieu à déplacement de la pièce par un notaire ou greffier* sous peine de dommages et intérêts.

Projet de M. TIRARD, 1888, repris par M. ROUVIER en 1889.	Texte adopté en première délibération par la Chambre le 12 mars 1891.	Nouvelle rédaction proposée par la Commission pour la 2ᵉ délibération. (Rapport de M. Boudenoot 4 juillet 1892.
Art. 4. Dans toutes les successions où il y a lieu à déduction des charges, les droits seront liquidés sur la valeur vénale des immeubles, déterminée par la déclaration des parties, et sans que cette valeur soit inférieure au produit de la capitalisation du revenu faite au denier Vingt pour les immeubles urbains et au denier trente pour les immeubles ruraux, conformément aux lois existantes. Les insuffisances d'évaluation pourront être constatées par voie d'expertise.	**Art. 4.** Les droits seront liquidés sur la valeur vénale des immeubles déterminés par la déclaration des parties et sans que cette valeur soit inférieure au produit de la capitalisation du revenu faite au denier 20 pour les immeubles urbains et au denier 25 pour les immeubles ruraux, conformément aux lois existantes. Les insuffisances d'évaluation seront constatées par voie d'expertise selon les règles actuellement en vigueur	**Sans changement.**
Art. 5. La pénalité établie par les lois en vigueur pour les omissions sera applicable à toute déclaration tendant à obtenir indûment la déduction d'une dette. L'amende, qui sera d'une somme égale au double du droit, est due solidairement par les contrevenants.	**Art. 5.** Même rédaction.	**Art. 5.** Toute déclaration tendant à obtenir indûment la déduction d'une dette rendra passible d'une amende qui sera égale au double du droit et qui sera due solidairement par les contrevenants. DISPOSITIONS NOUVELLES
Art. 6 1° Lorsqu'il y a lieu à l'expertise autorisée par les lois du 22 frimaire an VII 23 août 1871, 28 février 1872 et par la présente loi, le receveur ou autre préposé de l'administration de l'enregistrement en fait notifier la demande à la partie. L'exploit contient désignation de l'expert de l'État et sommation à la partie de désigner son expert ou de former opposition à	**S upprimé.**	**Art. 6.** *La valeur de la nue-propriété et de l'usufruit des biens meubles et immeubles est déterminée, pour la liquidation et le payement du droit proportionnel, ainsi qu'il suit, savoir :* *1° Pour les transmissions à titre onéreux de biens, autres que créances, rentes ou pensions, par le prix exprimé, en y ajoutant toutes les*

Projet de M. TIRARD, 1888, repris par M. ROUVIER en 1889.	Texte adopté en première délibération par la Chambre le 12 mars 1891.	Nouvelle rédaction proposée par la Commission pour la 2ᵉ délibération. (Rapport de M. Boudenoot 4 juillet 1892).
l'expertise avec assignation devant le tribunal de la situation des biens, le tout dans la quinzaine de la notification. 2° Après l'expiration de ce délai, il est procédé à l'expertise par l'expert de l'administration et par deux autres experts désignés, l'un par le président du tribunal et l'autre par la partie ou à son défaut par le juge de paix du canton de la situation des biens 3° Les dispositions de l'article 15 de la loi du 23 août 1871 relatives à l'expertise par un seul expert, sont applicables lorsque le prix exprimé ou la valeur déclarée n'excède pas 5,000 fr et au-dessus de ce chiffre, lorsque toutes les parties y consentent. 4° Les experts sont dispensés du serment. 5° Ils forment leur avis à la majorité, et cet avis fixe définitivement la valeur des biens 6° La prescription est interrompue par la signification à la partie de la demande en expertise. Celle de l'article 61 de la loi du 22 frimaire an VII est applicable aux demandes formées en exécution de l'article 17 de la même loi. Sont maintenues toutes les dispositions des lois antérieures qui ne sont pas contraires au présent article.	Supprimé	*charges en capital, sauf application des articles 17 de la loi du 22 frimaire an VII. et 13 de celle du 23 août 1871.* *2° Pour les échanges et pour les transmissions entre vifs à titre gratuit, ou celles qui s'opèrent par décès, des mêmes biens, par une évaluation faite de la manière suivante : si l'usufruitier a moins de vingt ans révolus, l'usufruit est estimé aux sept dixièmes et la propriété aux trois dixièmes de la propriété entière, telle qu'elle doit être évaluée d'après les règles sur l'enregistrement.* *Au-dessus de cet âge, cette proportion est diminuée pour l'usufruit et augmentée pour la nue-propriété d'un dixième par chaque période de dix ans, sans fraction. A partir de soixante dix ans révolus de l'âge de l'usufruitier, la proportion est fixée à un dixième pour l'usufruit et à neuf dixièmes pour la nue-propriété. Pour déterminer la valeur de la nue propriété, il n'est tenu compte que des usufruits ouverts au jour de la mutation de cette nue propriété. L'usufruit constitué pour une durée fixe est estimé aux deux dixièmes de la valeur de la propriété entière pour chaque période de dix ans de*

Projet de M. TIRARD, 1888, repris par M. ROUVIER en 1889.	Texte adopté en première délibération par la Chambre le 12 mars 1891.	Nouvelle rédaction proposée par la Commission pour la 2ᵉ délibération. (Rapport de M. Boudenoot 4 juillet 1892).
		la durée de l'usufruit, sans fraction et sans égard à l'âge de l'usufruitier.
		3° P ur les créances à terme, les rentes perpétuelles ou transmises à quelque titre que ce soit, et pour l'amortissement de ces rentes ou pensions par une quotité de la valeur de la propriété entière, établie suivant les règles indiquées au paragraphe précédent, d'après le capital déterminé par les paragraphes 2, 7 et 9 de l'article 14 de la loi du 22 frimaire an VII.
Art. 7.		**Art. 7.**
Les droits d'enregistrement des donations entre vifs de toute nature et des mutations par décès, soit par succession, soit par testament ou autres actes de libéralités à cause de mort, qui auront lieu à compter de la promulgation de la présente loi, de biens meubles ou immeubles en ligne collatérale et entre personnes non parentes, seront perçus selon les quotités ci après :	(Devenu article 6). Même rédaction.	*Les actes et déclarations régis par les dispositions des deux derniers paragraphes de l'article 6 feront connaître la date et le lieu de la naissance de l'usufruitier et si la naissance est arrivée hors de France ou d'Algérie. Il sera, en outre, justifié de cette date avant l'enregistrement : à défaut de quoi, il sera perçu les droits les plus élevés qui pourraient être dûs au Trésor, et la perception ainsi établie ne donnera lieu à aucune restitution. L'indication inexacte de la date et du lieu de naissance de l'usufruitier rendra passible, à titre d'amende, d'un droit en sus égal au supplément de droit simple exigible.*
Entre frères et sœurs, oncles et tantes, neveux et nièces, en principal sept francs cinquante centimes pour cent (7 fr. 50 °/₀) ;		
Entre grands oncles, grandes-tantes, petits-neveux, petites nièces, cousins - germains, en principal huit francs pour cent (8 fr. °/₀) ;		
Entre parents au delà du quatrième degré et		

Projet de M. TIRARD, 1888, repris par M. ROUVIER en 1889.	Texte adopté en première délibération par la Chambre le 12 mars 1891	Nouvelle rédaction proposée par la Commission pour la 2ᵉ délibération. (Rapport de M. Boudenoot 4 Juillet 1892).
jusqu'au dixième, en principal neuf francs pour cent (9 fr. °/₀); Entre parents au delà du dixième degré, jusqu'au douzième, en principal neuf francs cinquante centimes pour cent (9 fr. 5) °/₀); Entre personnes non parentes, en principal dix pour cent (10 fr. °/₀). Ces droits sont sujets aux décimes.		
Art. 8.		Art. 8.
L'article 25 de la loi du 8 juillet 1852 est modifié ainsi qu'il suit : Le transfert ou la mutation au Grand-Livre de la dette publique d'une inscription de rente provenant de titulaires décédés ou déclarés absents, ne pourra être effectué que sur la présentation d'un certificat délivré sans frais par le receveur de l'enregistrement, constatant l'acquittement du droit de mutation par décès. Il en sera de même pour les transferts et conversions de titres nominatifs des Sociétés, départements, communes et établissements publics, à peine par ces Sociétés, départements, communes et établissements publics, de demeurer personnellement responsables des droits.	Devenu article 7. Même rédaction.	Les dispositions des articles 14, 15 et 68 de la loi du 22 frimaire an VII sont abrogées en ce qu'elles ont de contraire à la présente loi.
Art. 9.		Art. 9.
Sont applicables en Algérie les lois et tarifs qui régissent en France la perception des droits de mutation par décès. Sont également applicables en Algérie les tarifs établis, en principal et décimes, sur les muta-	Devenu article 8. Même rédaction.	Les droits d'enregistrement des donations entre vifs de toute nature et des mutations par décès, soit par succession soit par testament ou autres actes de libéralités

Projet de M. TIRARD, 1888, repris par M. ROUVIER en 1889.	Texte adopté en première délibération par la Chambre le 12 mars 1891.	Nouvelle rédaction proposée par la Commission pour la 2ᵉ délibération. (Rapport de M. Boudenoot 4 juillet 1892).
tions entre vifs à titre gratuit en France. L'un des décimes continuera à être perçu au profit de l'Assistance publique, conformément à la loi du 29 juillet 1882. Art. 10 A partir de la promulgation de la présente loi. la taxe de 3 °/₀ établie par l'article 5 de la loi du 21 juin 1875 sur les lots payés aux créanciers et aux porteurs d'obligations, effets publics et tous autres titres d'emprunt. est fixée à six pour cent (6 °/₀).	 Devenu article 9. Même rédaction.	et cause de mort seront désormais fixés comme suit : En ligne directe 3 °/₀ (taux actuel). Entre frères et sœurs 6 fr. 50 °/₀ (taux actuel). *Entre oncles et tantes, neveux et nièces en principal 7 fr. 50 °/₀.* Entre grands-oncles, grand tantes petits-neveux, petites nièces, cousins germains. 8 fr. 50 °/₀. *Entre parents du 5ᵉ et du 6ᵉ degré 10 °/₀.* *Entre parents au-delà du 6ᵉ degré jusqu'au 12ᵉ 12 °/₀.* *Entre personnes non parentes 13 °/₀.* Ces droits sont sujets aux décimes. Art. 10. Même rédaction que dans le projet. Art 11. Sont applicables en Algérie les lois et tarifs qui régissent en France la perception des droits de mutation par décès *entre vifs. Sont toutefois exemptés de ces droits les immeubles ruraux et les constructions de toute nature servant à leur exploitation.* L'un des décimes établis par les lois continuera à être perçu au profit de l'Assistance publique, conformément à la loi du 29 juillet 1882. Art. 12. Même rédaction que dans le projet. art. 10. avec augmentation de 2 °/₀, soit 8 °/₀.

Dans son rapport, M. Jamais explique les motifs des additions ou modifications faites par la Commission au projet de loi Tirard. et en ce qui concerne l'art. 3, la Commission a considéré que l'enregistrement des actes formant le titre des dettes peut suffir pour constituer une justification sufffisante. Il peut arriver, par exemple, que la créance dû par le défunt ait été comprise comme valeur acquise dans la succession du créancier.

Pour l'article 4, base de la déduction des dettes, la Commission a introduit deux modifications très importantes, acceptées toutes deux, par le Gouvernement.

En premier lieu, elle a fait disparaître tous droits d'option en supprimant les mots : « *Ou il y a lieu à la déduction des charges* », elle a pensé que dès l'instant ou le principe de la déduction du passif est introduit dans notre législation, il faut l'accepter avec tous ses résultats. Il n'y a que des avantages à rendre uniforme le mode de perception de l'impôt de mutation par décès et à traiter de la même manière toutes les catégories de contribuables qui devront désormais supporter le droit de succession sur l'émolument réel et net qu'ils recueillent. Comme on l'a vu, la Commission s'est ralliée sans hésitation au principe de la liquidation des droits sur la valeur vénale de l'immeuble, mais elle a substitué le denier 25 au denier 30 comme taux de capitalisation des immeubles ruraux. Déclarant que le chiffre de 30 était trop élevé et qu'il serait de nature à produire, dans certains cas, une capitalisation supérieure à la valeur réelle, elle a voulu maintenir le dernier 25 comme une garantie, pour la propriété rurale, contre une aggravation quelconque de sa situation présente.

L'art. 6 relatif au droit de mutation par décès forme la recette la plus importante provenant du relèvement du tarif pour certaines catégories d'héritiers.

Le tableau ci-après donnant l'économie complète du projet de M. Rouvier et M. Boudenoot au point de vue financier, indique le tarif en principal, décimes non compris, qui serait appliqué comparé au tarif actuel, en maintenant au tarif le caractère d'un impôt proportionnel, sans modification en ce qui touche les héritiers en ligne directe descendants ou ascendants et les frères et sœurs ; le projet du Gouvernement majorait le tarif actuel pour les frères et sœurs, mais le lien très étroit de parenté dans l'un comme dans l'autre cas explique le maintien de la situation qui est faite aujourd'hui à ces héritiers ; les augmentations de tarif adoptés par la Chambre le 12 mars 1891 sont inférieures à celles qui ont été proposées à diverses reprises notamment dans le projet de M. Boudenoot et toutes les fois qu'on a voulu rechercher un moyen financier de réaliser la déduction des dettes. Des droits de succession s'élevant, sans compter les décimes, jusqu'à 15 et 16 fr. 25 %, sont une charge fort lourde quand il doit y être pourvu dans un délai très rapproché, il eut été à désirer que la Commission, en même temps qu'elle élevait le tarif, chercha les moyens de ménager aux successibles un délai assez long pour leur permettre de s'acquitter envers l'Etat sans se ruiner. Nous espérons que la Commission voudra bien compléter en ce sens le projet de loi lors de la deuxième délibération.

L'administration estime au chiffre maximum de 25 millions la perte qui résulterait pour le Trésor de la déduction des dettes, et que cette perte sera largement compensée par les plus-value que le projet renferme.

Les droits en ligne directe restent les mêmes ainsi que pour les frères et sœurs.	TARIF actuel	TARIF proposé pour 100 adopté en première délibéra- tion	Nouveau tarif pro- posé par la Commis- sion (rapport Boudenoot)
	fr. c.	fr. c	
Entre oncles et tantes, neveux et nièces	6 50	7 50	7 50 %
Entre grands-oncles, grand'-tantes, petits neveux, petites niè-ces, cousins-germains	7 »	8 »	8 50 %
Entre parents du 5ᵉ et du 6ᵉ degré	8 »	9 »	10 %
Entre parents au-delà du 6ᵉ de-gré jusqu'au 12ᵉ	8 »	10 »	12 %
Entre personnes non-parentes .	9 »	12 »	13 %

Voici maintenant, au point de vue fiscal, l'économie complète des projets portant à la fois sur la déduction des dettes et sur la réforme de l'usufruit.

	PROJET ADOPTÉ en première délibération		NOUVEAU PROJET de la commission pour la 2ᵉ délibération.	
	VALEURS successorales	Plus-values.	VALEURS successorales	Plus-values.
	francs.	francs.	francs.	francs.
Frères et sœurs, oncles et tantes, neveux et nièces 6 fr. 50 porté à 7 fr. 50 . . .	780.000.000	»	842.000.000	»
A déduire 1/3 pour les mutations entre frères et sœurs . . .	260.000.000	»	280.000.000	»
Reste. . .	520.000.000	6.500.000	562.000.000	7.025.000
Grands-oncles, grand'-tantes, petits-neveux, cousins germains (7 fr. porté à 8 fr.) . .	145.981.810	1.830.000	153.000.000	2.863.750
Parents du 5ᵉ au 6ᵉ degré (8 f. porté à 9 f.)	42.000.000	535.000	60.000.000	1.500.000
Parents du 6ᵉ au 12ᵉ degré (8 fr. porté à 10 fr.	50.300.000	1.258.000	61.300.000	1.526.000
Étrangers (9 fr. porté à 12 fr.	253.685.854	9.700.000	244.000.000	12.200.000
Total de la plus-value résultant des droits de succession. . .	»	19.823.000	»	25.119.750
Déduire 1/8 pour le passif	»	2.478.000	»	3.139.968
Reste comme plus-value.	»	17.345.000	»	21.979.782
Plus-value résultant des donations entre vifs	»	800.000	»	1.000.000
Total général. . .	»	18.145.000	»	22.979.782

La plus-value résultant des successions et donations entre vifs s'élève donc à	18.145.000	23.000.000
En ajoutant les autres plus-values soit :		
Suppression du droit d'option .	8.000.000	9.000.000
Transfert et concession . . .	500.000	500.000
Algérie.	1.000,000	1.000.000
Prime de remboursement. . .	300.000	500.000
On obtient un total général de .	27.945.000	34.000.000

M. Boudenoot de son côté rend compte des amendements qui ont été remis à la Commission depuis la première délibération et que les auteurs se réservaient de développer devant la Chambre au cours de la deuxième délibération, dans le cas où la Commission ne les accepterait pas ; elle en a adopté plusieurs qui ont paraît-il entraîné un certain nombre de modifications de texte aux articles votés en première lecture. Ces articles visaient uniquement la déduction des dettes et la recherche des ressources nouvelles qui permettraient de compenser par le Trésor la perte provenant de cette déduction.

L'article premier énumère les dettes qui sont admises à déduction, la Commission a substitué à sa rédaction primitive une rédaction nouvelle qui précise mieux la nature et le caractère des dettes déductibles. En supprimant les mots « en *capital* », il a semblé à la Commission qu'on pouvait déduire les dettes, intérêts ou arrérages du ter ne courant puisque d'autre part, les créances correspondantes entraient en ligne de compte pour le paiement des droits. On a remplacé également le délai de « 3 mois avant le décès » par celui « *d'un mois* » seulement. Ce dernier ayant paru suffisant, le mot « *jugement* » a été conservé de préférence à celui de condamnation judiciaire parce qu'il a paru comporter un sens plus étendu et constituer un sens plus générique, embrassant toutes les décisions qui proviennent des diverses espèces de juridiction « criminelle, correctionnelle, civile et administrative ». Enfin parmi les instruments constatant les dettes admises à déduction, la Commission a ajouté au *jugement, Actes authentiques et Actes sous-seings privés enregistrés* « *les condamnations verbales déclarées en vertu des lois existantes* ».

Le paragraphe premier de l'art. 2, indique que pour être déduites les dettes devront être liquides au jour de la déclaration de succession et non pas au jour du décès. Comme par le mot « *liquides* », on entend les dettes « *certaines dans leur existence et déterminées dans leur quantum* ». La Commission a pensé, du moment où la première condition « certitude de l'existence de la dette », était remplie au jour du décès, il était juste d'admettre la déduction de cette dette, pourvu que la seconde condition « détermination du quantum » fut remplie au jour de la déclaration de succession, c'est-à-dire au jour où l'on établit le montant des droits à payer.

Au paragraphe troisième on a ajouté un membre de phrase qui écarte la déduction pour les dettes contractées par le défunt au profit des conjoints ou successibles des héritiers comme au profit des héritiers eux-mêmes.

Les art. 6 et 9 sont remplacés par les art. 9 et 12.

La Commission a en outre accepté le principe d'une proposition soutenue en première lecture par M. Dumas, qui était l'objet d'une autre proposition de loi de MM. Barbe, Vigier et Prost, présentée aux Chambres précédentes par le gouvernement lui-même, en 1880-1888, et qui consistait en ce qu'on appelle communément la *réforme de l'usufruit*, c'est-à-dire dans un nouveau mode de l'évaluation plus juste et plus conforme à la réalité.

Le texte de la Commission, art. 6, 7 et 8, renferme des dispositions nouvelles qui ne figuraient pas dans la rédaction votée en première lecture.

Aux termes de la loi du 22 frimaire, an VII, quelque soit l'âge de la personne qui recueille un usufruit, le droit est payé suivant les mêmes règles. On calcule la valeur de l'usufruit en multipliant le produit des biens par 10 ou 12 1/2, suivant qu'il s'agit de biens urbains ou de biens ruraux, ce qui représente la moitié de la valeur de la propriété. Voici le texte de l'art. 15, n° 8 :

« La valeur de la propriété, de l'usufruit et de la jouis-
» sance des immeubles est déterminée, pour la liquidation
» du droit proportionnel, ainsi qu'il suit, savoir : 1°, 2°, etc.

» 8° Pour les transmissions d'usufruit seulement, soit
» entre vifs, soit par décès par l'évaluation qui en sera por-
» tée à dix fois le produit des biens, ou le prix des baux
» courants, aussi sans distraction des charges, lorsque l'u-
» sufruitier aura acquitté le droit d'enregistrement sur
» sa valeur, sans qu'il y ait lieu de joindre celle de l'usu-
» fruit. »

Ainsi, l'usufruitier paie la moitié du droit et le nu-pro-priétaire paie tout de suite le droit entier.

Le Trésor perçoit une fois et demie le droit.

Une expérience prolongée et des calculs soigneusement faits ont permis d'établir des moyennes dont l'exactitude est maintenant affirmée par les opérations des Compagnies d'assurances et par celles de la Caisse des retraites sur la vieillesse.

L'administration a donc à sa disposition un procédé suffisant pour déterminer à toute époque la valeur d'un usufruit et celle d'une nue-propriété ; nous n'hésitons pas à dire que les résultats de la liquidation du droit, telle qu'elle est établie par la loi de l'an VII, ont provoqué d'incessantes réclamations, et à l'appui de notre assertion on peut faire remarquer que l'usufruitier paie actuellement toujours le même droit, quelque soit son âge, et qu'il soit ou non présumé devoir jouir longtemps de l'usufruit qui lui est transmis.

Quant au nu-propriétaire, il est obligé de payer tout de suite pour un bien dont il n'est appelé qu'éventuellement à jouir ; il n'en jouira jamais s'il vient à décéder avant l'usu-fruitier. Cette règle est d'autant plus dure que la loi de frimaire pose en principe que les droits régulièrement perçus ne peuvent pas être soumis à restitution. La Commission a donc proposé d'adopter pour l'évaluation de la valeur de l'usufruit de la nue-propriété le système proposé, d'accord avec le gouvernement, par la Commission de 1880, reproduit par M. Peytral dans le projet de 1888.

Une loi du 12 juin 1889, applicable à l'Alsace-Lorraine, modifie la législation de frimaire en plusieurs points, notamment en ce qui concerne la déduction des dettes et l'usufruit ; elle ne s'est pas bornée à réaliser la réforme de la réduction du passif, elle l'a étendue à l'usufruit et à la nue-propriété.

L'étude attentive que nous avons faite des projets de loi, rapports et adoption en première délibération par la Chambre des Députés, de la proposition de M. Rouvier et celle formulée ensuite par la Commission dans le rapport de M. Boudenoot, a fait ressortir l'existence de diverses questions présentées comme définitivement adoptées par elle, et nous croyons de notre devoir le plus strict de soumettre respectueusement les observations qui vont suivre.

OBSERVATIONS

D'abord sur la déduction du passif en matière de succession.

L'article premier du projet adopté en première délibération admet la défalcation des dettes. On remarque d'abord que, par crainte de la fraude, on exige que l'enregistrement des titres ait lieu au moins trois mois à l'avance (réduit à un mois, voir projet Boudenoot), page 29.

Assurément, dans certains cas, cette précaution est indispensable ; mais il est certaines dettes dont l'existence est absolument constatée et qui ne pourront cependant se justifier par l'existence d'un titre enregistré. On peut citer dans cet ordre d'idées, les frais funéraires et de dernière maladie. Leur existence est certaine, l'article 2101 du Code Civil en fait même des frais privilégiés. Ils seront payés avant les droits même de succession, et cependant on ne

veut pas les déduire sous prétexte qu'ils ne seront pas cons-
tatés par titres enregistrés ! On ne comprend pas ce refus·

De plus, les dettes d'un tuteur vis-à-vis d'un mineur, il
est évident que la fraude ne pourra s'exercer. Le tuteur qui
succédera au tuteur décédé ne voudra pas se charger de
recettes qui ne lui auront pas été comptées, il engagerait sa
responsabilité. De ce côté, le fisc est donc assuré qu'il ne
sera pas trompé.

Pourquoi non plus ne déduit-on pas les dettes contractées
envers les successibles en ligne directe ? Là encore la fraude
n'est pas possible, elle n'aurait pas d'objet. En effet, le droit
de titre est de 1 %; le droit de mutation par décès est
également de 1 %; quel intérêt aurait-on à faire naître la
fraude ? On n'a pas abordé davantage la question plus grave
de la déduction du passif, en ce qui concerne les commerçants, banquiers, sociétés, et cependant il est bien évident
qu'on pouvait trouver un moyen d'arriver à cette déduction
au moins partiellement. Ne pourrait-on pas l'obtenir, par
exemple, en exigeant la production des livres de commerce
régulièrement tenus depuis plusieurs années ? Ces livres
faisant foi en justice.

On accusera ce système d'être un peu inquisitorial (1).
Mais alors seraient seuls soumis à cette obligation les négo-
ciants qui voudraient bénéficier de la déduction du passif.

D'ailleurs, l'opinion générale est que ces dettes, dans certains cas au moins, pourraient être retranchées. On peut
citer à ce sujet l'opinion de Crétet, l'un des auteurs de la loi
du 22 frimaire an VII, qui disait dans la séance du Conseil
des Anciens le 18 brumaire :

« Les facultés mobilières du commerce qui, dans un
» Etat agricole et manufacturier comprennent de l'argent,
» des créances, la plus grande partie des matières premiè-
» res et toutes celles fabriquées qui attendent la consom-
» mation, doivent être considérées comme la portion la plus

---

(1) Voir page 10.

» considérable des richesses mobilières possédées par ce
» même Etat. La contribution sur les successions mobiliè-
» res portera donc singulièrement sur les fortunes commer-
» ciales et industrielles, et c'est dans ce cas surtout que
» l'inconvénient de la perception sur le brut des succes-
» sions se fera sentir. En effet, l'Etat habituel et nécessaire
» des commerçants étant de faire plus d'affaires sur leur
» crédit que sur leurs capitaux. Il en résulte que plus l'actif
» de leur succession a d'étendue, plus aussi leur passif est
» considérable : en sorte que le droit d'enregistrement por-
» tant sur le brut, il se percevra et sur les facultés des
» héritiers et sur celles des créanciers ; quelquefois même
» lorsque la succession se trouvera insuffisante, le droit
» pèsera uniquement sur les créanciers. »

Nous pouvons citer à l'appui de cette thèse l'opinion du savant professeur M. Demante qui indique comme pouvant être déduites, en matière commerciale, les créances véri- fiées dans les successions qui s'ouvrent après faillite déclarée.

Il y aurait lieu de déduire aussi les dépôts faits par les notaires à la Caisse des Dépôts et Consignations pour le compte des clients (décret du 30 mai 1890). Ces dépôts étant effectués au nom du notaire, le trésorier général ne connaît que ce dernier comme créancier. Cet officier minis- tériel peut devoir des sommes courantes très importan- tes, sommes dont il a la représentation en Caisse ou en dépôt à la Trésorerie. Dans ces conditions, les ayants- droit du notaire ne seraient pas appelés à bénéficier de la loi nouvelle bien que tous les registres soient soumis au visa du tribunal et à l'inspection, ici encore les formalités exigées pour les dépôts et les retraits par le décret précité ne peuvent donner ouverture à la fraude.

Le projet de loi en discussion ne dit pas ce que devien- dront les reprises que les femmes mariées ont à exercer sur la communauté, la déduction ne s'opère pas sur les biens propres du mari.

Cependant, pour justifier l'existence de ces dettes, on

accepte tous les moyens de preuve. Les acceptera-t-on quand il s'agira de déduire ces mêmes reprises du montant des biens propres du mari ? La Commission ne l'a pas dit, et le projet est muet sur ce point. Mais l'art. 4 de la loi donne lieu à une critique bien plus importante, il met le redevable entre les mains de l'État qui pourra le pressurer contre tout droit.

Pour un héritage de 100,000 fr. grevé d'un passif de 80,000 fr., celui qui le recueille ne reçoit en réalité que 20,000 fr., et cependant il devra payer les droits de mutation par décès sur 100,000 fr. comme s'il n'existait pas de passif.

Voilà comment se présente le plus souvent cette question de la non distraction du passif héréditaire dans les successions, question qui remonte à l'édit de 1703 et à la législation du 100ᶜ denier.

Cependant nous la retrouvons fréquemment sous d'autres formes qui ne font que mieux ressortir encore la rigueur de cette règle de la non distraction.

Ainsi une personne se marie, se constitue un domaine d'une valeur de 50,000 fr. et reçoit en dot de son épouse une dot de 30,000 fr. qu'elle emploie à payer une dette hypothécaire de même importance grevant son bien propre. Le mari meurt, les enfants paieront les droits sur l'immeuble paternel sans en déduire les 30,000 fr. de dot dus à leur mère.

La mère décède à son tour, les enfants devront payer les droits sur les 30,000 fr. de leur mère formant créance sur les propres de leur père.

De sorte que les successions de leurs auteurs ne présentent qu'un actif de 50,000 fr. valeur de l'immeuble paternel. Cependant les héritiers payeront les droits sur 80,000 fr., c'est-à-dire sur l'immeuble du père et sur la créance de la mère.

Mais bien mieux encore :

L'art. 802 du Code civil a prévu le cas où une personne serait appelée à n'accepter une succession que sous bénéfice d'inventaire, et alors il a stipulé que l'héritier sous bénéfice d'inventaire ne serait tenu au paiement de dettes que sur les forces de la succession. L'administration de l'enregistrement, s'appuyant sur de nombreux arrêts de la Cour suprême, a fait passer en jurisprudence que les droits de mutation par décès ne sont pas une dette contractée par le défunt, c'est-à-dire une dette de la succession, mais bien une dette personnelle à l'héritier, dette qu'il a contracté par cela même qu'il a accepté la succession sous bénéfice d'inventaire.

De sorte que, si la succession est négative, l'héritier qui n'est pas tenu à désintéresser personnellement les créanciers de l'hérédité, devra payer sur ses propres les droits de mutation par décès.

Mais, dira-t-on, c'est le régime de la loi du 22 frimaire an VII, et lors de la discussion de cette loi, cette question a été traitée ; le pour et le contre ont été dits et pesés, et le législateur de l'an VII s'est prononcé contre le principe de la distraction.

Le projet du Gouvernement laisse aussi en dehors les partages anticipés, ceux de présuccessions qui ne sont autre chose, ainsi que leur nom l'indique assez, quela « dé » volution anticipée des successions » qui en font l'objet? et cependant le rapport présenté lors de la discussion de la loi du 21 juin 1875 disait : « Comme il aurait été rigou- » reux d'assujettir au paiement immédiat d'un droit de » 2 francs 50 % des transmissions qui ne sont que la » dévolution anticipée de successions ; l'article 1er de la loi » du 21 juin 1875, en disposant que le droit de transcrip- » tion serait perçu lors de l'enregistrement de l'acte de do- » nation, réduisit ce droit de 1 franc 50 à 50 centimes % » spécialement pour les donations à titre de partage anticipé.»

Nous n'insisterons pas sur les avantages que procurerait la modification que nous sollicitons.

Examinons maintenant le nouveau mode de justification exigé par le projet pour obtenir la déduction du passif.

Si c'était la première fois que les fonctionnaires de l'enregistrement dûssent se trouver en présence de déductions à opérer pour liquider les droits revenant au Trésor on comprendrait la nécessité d'étudier divers systèmes, mais tous les jours les receveurs sont appelés à pratiquer des déductions de dettes en matière de liquidation de communauté d'acquêts.

Dans la note remise au receveur, les parties ou leur homme d'affaires établissent les reprises en énonçant simplement la nature du titre, sa date et le nom de l'officier ministériel qui l'a reçu.

Le receveur apprécie les indications ainsi fournies par la note qui n'est autre chose que la déclaration faite par les parties aux termes de l'article 27 de la loi de frimaire, déclaration qui doit être transcrite pour ainsi dire par le receveur sur son registre après l'avoir coordonnée pour opérer la liquidation des droits à sa manière, c'est-à-dire après avoir accepté ou repoussé les prétentions des parties et sans la moindre discussion (Article 28 de la même loi). Telles sont également les règles tracées par la loi de frimaire, prescrites par l'administration (Voir Dalloz et bien d'autres jurisconsultes). Si on accepte les propositions de la Commission, le receveur sera obligé de discuter avec les parties ; il devra leur dire : J'accepte ou je n'accepte pas votre déclaration. Et alors, le jour où le sous-inspecteur voudra la vérifier, que répondra-t-il ? quand la partie lui dira : « Ce » sont vos agents qui ont commis une faute et non pas » moi, je n'ai rien à payer dans ces conditions. »

La note est donc conservée au bureau et sert au contrôle ultérieur du receveur et du sous-inspecteur, contrôle qui peut aboutir soit à un forcément, soit à une restitution, c'est-à-dire à une augmentation ou à une diminution des droits perçus.

Si les parties ne veulent pas attendre cette vérification et qu'elles soient en désaccord avec le receveur, elles ont devant elles la voie gracieuse et sans frais, c'est-à-dire l'appel soit au directeur, soit à l'administration centrale, qui ne préjudicie en rien à leur droit d'en appeler aux tribunaux. Il vaudrait mieux rester dans les principes de la loi de frimaire et que le receveur soit chargé simplement de la liquidation des droits et non pas de la rédaction, du soin de choisir les dettes à déduire ou non. C'est une vérification à faire après la déclaration.

Aux termes de l'article 3 du projet de la Commission (Rapports Jamais et Boudenoot) les parties à « *l'appui* » » de leur demande en déduction, devront fournir les justifi- » cations nécessaires et représenter le brevet ou l'expédi- » tion de l'acte ou du jugement qui sert de type à la dette ou » qui en constate l'existence au jour de l'ouverture de la » succession, et le créancier ne peut se refuser à commu- » niquer ou à laisser prendre une copie collationnée, sans » déplacement de la pièce par un notaire ou un greffier, sous » peine de dommages-intérêts. »

L'enregistrement des actes formant le titre des dettes pouvant suffire pour constituer une justification suffisante on ne comprend pas bien la nécessité de représenter l'acte ou la copie collationnée, ce qui constituerait en frais inutiles les parties (point sur lequel nous reviendrons infra) puisque tous les actes justifiant la déduction des dettes doivent être enregistrés, la mention de cette formalité paraît suffisante.

Augmentation des Tarifs comme rachat de cette mesure.

Comme on l'a vu au tableau (page 28), la perte résultant pour le Trésor de la déduction des dettes évaluée par l'administration au chiffre maximum de 25 millions serait largement compensée par les plus-values que ce projet renferme au point de vue budgétaire porté au rapport Jamais pour 26,962,000 fr. et à celui de M. Boudenoot pour 34,000,000 fr.; nous ne comprenons pas bien qu'il faille augmenter les chiffres de succession aux taux indiqués dans les nouveaux tarifs, nous regrettons de ne pas trouver dans ce second rapport les motifs de cette augmentation de 10 millions sur les évaluations du gouvernement, la substitution de la valeur vénale au revenu, donnant au contraire à notre avis, une plus-value suffisante pour combler la perte occasionnée au Trésor par la déduction du passif héréditaire, et c'est ce que nous allons essayer de démontrer.

En 1864, alors que le denier multiplicateur pour tous était encore de 20, le Conseil d'Etat fixait au quart comme nous l'avons déjà dit, l'aggravation qui devait résulter de la substitution de la valeur vénale au revenu ; c'est-à-dire que cette mesure devait produire le même résultat que si le denier multiplicateur était porté à 25.

M. Garnier raisonne ainsi sur le même sujet : « En effet, » dit-il, comme l'on peut prendre en moyenne un revenu de » 3 fr. pour la représentation d'une valeur vénale de 100 fr. » il s'en suit que d'après le système en vigueur une valeur » vénale de 100 fr. qui produit au plus 3 fr. de revenu ne » rend le droit exigible que sur 60 fr. tandis que, par l'ap- » plication de la valeur vénale, pour un revenu de 3 fr. le » droit serait dorénavant perçu sur 100 fr. qui représente » la valeur vénale de ces 3 fr.; c'est-à-dire sur 40 fr. de plus » que d'après la loi en vigueur.

» La conclusion est une augmentation des deux cinquiè- » mes du capital destiné à supporter l'impôt car alors le » denier multiplicateur était encore de 20 ; »

Dans l'exposé des motifs du projet, l'administration va encore plus loin. « Il est à peine nécessaire, dit-elle, de » faire remarquer que, dès qu'il s'agit de frapper la valeur » vénale, le revenu des biens ruraux pour la fixation du » capital minimum servant à la déduction du passif ne pou- » vait être maintenu à 4 % et qu'en le fixant à 3 1/2 envi- » ron (revenu multiplié par 30) on reste encore au-dessus » de la réalité dans la majorité des cas ».

En d'autres termes, le denier 25 (revenu 4 %) ne peut être maintenu, et, en le fixant à 30 (revenu à 3 1/2) on n'arrive point à la valeur vénale qui est représentée le plus souvent par le denier 33, revenu 3 %.

D'après cela, l'adoption de la valeur vénale correspond dans l'esprit de l'administration, à une augmentation de 8 unités dans le denier multiplicateur des immeubles ruraux, soit 33 au lieu de 25 et nous en trouvons une nouvelle preuve dans la rédaction de l'art. 4 qui n'accepte le chiffre 30 qu'à titre de minimum.

L'augmentation sera de 5 unités, au moins pour les immeubles bâtis. Du moment où la loi exigera, suivant le texte de la Commission, que la valeur vénale à déclarer ne pourra pas être inférieure au revenu multiplié par 20 ou 25, le receveur dira, à l'héritier qui se présentera : « Votre valeur déclarée est inférieure au revenu multiplié par 25 ; je repousse votre déclaration et j'entends percevoir sur 25 ».

Ce sera bien là une contrainte, puisque, aux termes de la loi du 22 frimaire an VII, l'héritier ne peut discuter avec le receveur : il est obligé de payer la somme qui lui est réclamée; il ne peut que s'adresser ensuite aux tribunaux. Ils auront sous les yeux le texte de la loi votée et ils diront que le receveur a bien fait de percevoir, puisque la loi décide qu'on ne peut pas déclarer au-dessous du produit de la capitalisation du revenu par 20 ou 25.

Du moment où pour être admises dans la masse successorale il faudra que ces valeurs aient payé l'impôt du timbre et celui de l'enregistrement, on ne pense pas exagérer en fixant à un million la plus-value annuelle qui en résultera pour l'Etat.

La déduction des dettes dans les mutations par décès entraînera naturellement l'Etablissement de la masse passive dans les déclarations de succession.

Or, l'absence de la connaissance exacte de cette masse passive occasionnait journellement pour le Trésor des pertes importantes au moyen de la fraude.

Le jour où la masse passive aura été établie par les héritiers eux-mêmes dans les déclarations de succession à côté de la masse active, il est évident que la fraude sera considérablement atténuée si elle ne disparaît pas complètement.

En 1888, les soultes de partages ou cessions ne faisant pas cesser l'indivision, ont produit . . . . 10.000,000 »

Celles faisant cesser l'indivision . . . 5,000,000 »

Total . . . . 15,000,000 »

Admettons que la fraude, au lieu d'être de moitié, ne soit que de 1 ou 2 dixièmes, c'est encore 2 ou 3 millions que lé Trésor recevra de plus tous les ans.

Et enfin pourquoi ne pas parler des copies collationnées exigées par le projet pour obtenir la déduction du passif?

Le projet étant muet sur la question du timbre, il est évident que ces copies devront être rédigées sur timbre à 1 fr. 80.

Devront-elles être enregistrées? Le projet n'en dit rien. Or, admettons une seule copie collationnée par déclaration : il y a eu en 1888, 934,000 déclarations. Donc, le Trésor aurait encaissé de ce chef une plus-value de 1,700,000 fr.

Nous trouvons donc avec ces recettes indirectes un excédent de . . . . 7,000,000 »

Ajoutant les plus-values résultant des nouvelles mesures appliquées à l'Algérie, aux transferts et aux lots d'emprunts, d'après le projet du gouvernement et évaluées . . . . 3,000,000 »

Plus les 23 millions provenant de la déclaration en valeur vénale . . . . . 23,000,000 »

Vous aurez un excédent de recettes de 33,000,000 »

somme réclamée par M. Boudenoot.

En résumé, on concède la distraction du passif héréditaire, qui ferait perdre au Trésor 20 à 25 millions, et on accorde la substitution de la valeur vénale au revenu qui donnerait une plus-value de 33 millions !

La compensation paraît largement opérée et alors cette question peut être posée, pourquoi demander de nouvelles aggravations de charges qui ne s'élèvent pas à moins de 17 millions ?

Mais, en vérité, on ne saurait admettre 17 millions de surcharge sans connaître leur destination, sans savoir à quel besoin nouveau cette somme doit satisfaire, ou à quel dégrèvement elle peut bien correspondre.

Maintenant sur quoi le gouvernement propose-t-il de prélever ces 17 millions ?

On demande plus d'un demi-million de surcharge aux donations par contrat de mariage en ligne collatérale et entre étrangers, et on base le relèvement du tarif sur cette simple considération « que la faveur due aux donations » faites en vue du mariage, et qui avait motivé une réduc- » tion de taxe, n'a pas de raison d'être en ce qui concerne » les donations au profit de collatéraux et de personnes non » parentes. »

En vérité, comment peut-on bien justifier une pareille déclaration, à quel point de vue peut-on bien se placer pour cela ?

Lorsque le législateur de l'an VII et ses successeurs ont examiné cette espèce d'acte, le contrat de mariage, et qu'à l'égard de l'impôt il lui a accordé une situation exceptionnelle. Quels ont donc pu être les sentiments qui l'ont guidé ?

Les recettes du Trésor, le régime adopté, tout cela n'a point pesé sur leurs déterminations.

Mais lorsqu'il s'est agi des avantages à constituer aux futurs, de ces libéralités destinées non seulement à améliorer leur situation, à faciliter l'existence de la nouvelle famille et surtout à augmenter leur puissance de travail et de production. Alors, le législateur s'est efforcé d'entourer de faveurs particulières cet acte qui transforme en réalité ce qui n'appartenait jusque là qu'au domaine des espérances.

Et alors, que la donation fût faite en ligne directe ou en ligne collatérale ou entre étrangers, il lui accorda la même sollicitude, il graduait bien le tarif d'après la parenté, mais il stipulait la même faveur pour tous les degrés : la moitié du droit appliqué aux transmissions entre vifs à titre gratuit hors contrat de mariage.

La faveur accordée à la ligne directe n'a plus sa raison d'être mais, lorsqu'un père constitue une dot à son enfant, il ne fait que lui avancer une portion de la part qui lui serait revenue à son décès, part qui ne peut disparaitre ou être amoindrie que dans le cas où le père aurait excédé les quotités disponibles. Dans tous les cas, cette donation ne fait que confirmer un droit que le donataire possédait déjà sur le patrimoine de la famille, d'après la loi, droit qui ne disparaissait qu'avec ce patrimoine lui-même.

Il n'en est plus de même en ligne collatérale ou entre étrangers. La loi n'établit aucune réserve à mon profit sur la fortune de mon frère, de mes oncles, etc. ; c'est la donation authentique faite à mon profit qui, seule, fixera et déterminera mes droits d'une façon irrévocable.

Une occasion spéciale, qui peut-être ne se reproduira plus, se présente pour la réalisation de ce qui n'était jusque là qu'une espérance ; pourquoi ne pas la favoriser ? pourquoi ne pas dire au donateur : en accomplissant aujourd'hui l'acte que vous avez l'intention de faire, vous permettrez au donataire de réaliser une économie de moitié sur les droits d'enregistrement tout en encourageant l'union qui vous agrée ?

Voilà pourquoi l'augmentation de 700,000 fr. doit être repoussée jusqu'à ce qu'on ait donné de meilleures raisons que la simple affirmation relevé dans l'exposé des motifs du gouvernement.

Maintenant, pourquoi demander aux donations hors contrat de mariage une surcharge de 500,000 fr. ? Cette nature de transaction ne bénéficie en rien de la réforme proposée et ne reçoit aucun avantage, elle est tenue complètement en dehors de cette réforme et l'on demande de lui imposer une augmentation de tarif d'un demi-million !

Enfin, comment justifier ce relèvement de tarif sur les mutations par décès qui doit produire 16 millions de plus-value, puisque l'on retrouve compensation entière de la perte prévue dans la substitution de la valeur vénale au revenu ?

Depuis le dépôt du rapport de M. Jamais : la Chambre a voté le 9 mars 1891 un projet de loi relatif aux droits du conjoint survivant sur la succession de l'époux prédécédé. Cette loi sera la source de recettes considérables. En effet en 1888, il y a eu 163,964 déclarations de succession entre époux donnant un chiffre de 19,664,000 fr. d'impôts en ligne directe, il y a eu au contraire 538,861 déclarations de successions.

Il suffit de rapprocher ces deux chiffres pour démontrer que le nombre des déclarations s'accroîtra considérablement, et l'impôt qui rentrera de ce chef dans les Caisses du Trésor suffira amplement à racheter le principe de loi de déduction du passif. Nous ne comprenons pas pourquoi M. Boudenoot n'a pas fait mention de ces recettes dans son rapport.

Telles sont sur ces points les observations que nous avons cru devoir présenter en conformité d'idées avec MM. Du·mas, Raiberti et Borie qui les ont déjà exposées sommairement à la Chambre lors de la première délibération, et se proposent de les produire à nouveau sous forme d'amendements lorsque le projet de loi reviendra en seconde délibération.

Réforme de l'usufruit. — Diminution des droits.

La réforme de l'usufruit ou mieux la diminution des droits dûs par le nu-propriétaire et l'usufruitier sont admis en principe, parait-il, et sur ce point nous ne pouvons qu'adopter les nouvelles dispositions contenues dans le rapport de M. Boudenoot. (Voir page 30). Le rapport de M. Jamais n'en faisait pas mention.

CONCLUSION.

La principale réforme introduite par le projet de loi est la déduction des dettes en matière de succession. Cette réforme répond au vœu de l'opinion, au désir énergiquement exprimé à diverses reprises dans le sein du Parlement.

Nous nous résumons et nous demandons :

1° Que la réduction des dettes en matière de succession qui s'impose soit plus étendue c'est-à-dire comprenne outre les dettes liquides les actes mentionnés suprà.

Les dettes commerciales et les dépôts des notaires à la Caisse des Dépôts et Consignations (voir pages 33 et 34) ;

2° Que la justification des titres ou copies collationnées imposées pour obtenir cette réduction soit supprimée de la loi, sauf pour les dettes commerciales par la production des registres. Tous les autres titres y donnant lieu devant être enregistrés. D'après ce projet de loi, la mention de cette formalité dans les déclarations de successions étant suffisante, ces justifications entraineraient en outre des frais, inutiles et considérables aux parties ;

3° Que les droits de succession ne soient pas augmentés le déficit occasionné par la déduction des dettes étant comblé par d'autres ressources ainsi que nous avons cherché à le démontrer (pages 38 et suivantes) ;

4° Enfin la réforme d'usufruit ou la réduction des droits dus, par l'usufruitier et le nu-propriétaire, étant admise, nous nous en référons aux nouvelles dispositions édictées par la Commission (voir page 30).

Faisant ici les réserves les plus expresses sur les propositions d'amendements qui pourront se produire lors de la deuxième délibération ; d'autres questions intéressantes par elles-mêmes pourront être soulevées à l'occasion de ces réformes, mais à notre avis elles doivent faire l'objet d'une étude distincte et leur sort ne peut être nécessairement lié à celui du principe de la déduction des dettes, des droits de succession, et de la réforme de l'usufruit. Pour que ces principes soient enfin admis dans notre législation, après toutes les vaines tentatives qui se sont succédées pendant plus d'un demi-siècle, il faut les examiner en elles-mêmes et sans les compliquer d'incidents accessoires. C'est le plus sur moyen de réaliser les réformes avec rapidité et avec toutes les garanties qu'exigent l'intérêt du contribuable et celui du Trésor.

9 782019 6339